AF470158

232e

CATALOGUE
D'ESTAMPES
ANCIENNES

ET

PORTRAITS

DONT LA VENTE AURA LIEU

HOTEL DES COMMISSAIRES-PRISEURS

Rue Drouot, 5

SALLE N° 7, AU 1er ÉTAGE

Le Samedi 23 Février 1867

A UNE HEURE PRÉCISE

Me **DELBERGUE-CORMONT**, Commissaire-Priseur,
rue de Provence, 8,
Assisté de **M. VIGNÈRES**, marchand d'Estampes,
rue de la Monnaie, 13, à l'entresol; entrée rue Baillet, 1,
CHEZ LEQUEL SE DISTRIBUE LE CATALOGUE

PARIS
RENOU & MAULDE
IMPRIMEURS DE LA COMPAGNIE DES COMMISSAIRES-PRISEURS
Rue de Rivoli, 144.

1867

CONDITIONS DE LA VENTE

L'ordre du Catalogue sera suivi.

Elle sera faite au comptant.

Les Acquéreurs paieront CINQ POUR CENT en plus des enchères, applicables aux frais.

M. VIGNÈRES, dirigeant la vente, se charge des Commissions.

NOTA. Toute commission sans prix fixé ou sans limite déterminée sera regardée comme nulle.

M. VIGNÈRES se charge de faire marquer les prix aux Catalogues des ventes qu'il a faites. Les personnes qui le désirent peuvent s'adresser à lui *franco*.

Plusieurs Amateurs éloignés en ont reconnu l'utilité pour les guider dans leurs achats sur les valeurs des Estampes.

Les Catalogues des Ventes à faire sont envoyés aux personnes qui en feront la demande *affranchie*.

AVIS. — Nous prions MM. les Amateurs éloignés de ne pas attendre au dernier jour, pour que les lettres arrivent le matin de la vente; ils comprendront que quelques lettres peuvent se lire, mais de 20 à 50 lettres, c'est difficile.

4

Dew. 3

Brun 10

Hamel 2

[illegible] 30

Kemming 6

Brun 10

ESTAMPES ANCIENNES

1 **Achenbach** (A.). Le Violonneu et les trois Aveugles, lithog. à la plume imitant l'eau-forte. Rare.

2 **Aken** (Van). Cheval (B. 5). — Le Repos des Voyageurs (B. 21). 2 p., belles ép.

3 **Aldegraver**. Le bon Samaritain, B. 43. Superbe ép. d'une copie très-trompeuse.

4 **Andreani**. Circé, d'après Parmesan. Camaïeu.

5 **Anonyme**. Eliezer et Rebecca. Belle eau-forte.

6 **Antonissen**. Troupeau de vaches au bord d'une rivière, d'après Cuyp. Superbe ép., marge.

7 **Baillu** (P. de). Saint Jérôme. — Le Christ en croix, d'ap. Van Dyck. —Renaud et Armide, d'ap. Van Dyck. 3 p.

8 **Bauduins**. Paysages, d'ap. Genoels, Van der Meulen, etc. 4 p.

9 **Berghe** (Van den). Le jeune Héros de Turnhout, Victoire des Brabançons sur les Autrichiens, 1789.

10 **Bervic**. L'Enlèvement de Déjanire, d'ap. le Guide. — L'Éducation d'Achille, d'ap. Regnault. 2 p., très-belles ép.

11 **Bloteling**. Jeune Femme à sa toilette. Manière noire, belle ép., marge.

— Judith, d'ap. Raphael. Manière noire.

— Laurentius Homma. Sup. ép. avec la signature de Mariette, 1678, et celle Debois, 1841.

— Berger combattant un loup, d'ap. Breugel.

12 **Bol** (Hans). Kermesse. Attaque de routiers, etc. 5 p. rondes.

13 **Bolswert** (S. à). La Sainte Famille au mouton, d'ap. Rubens. Belle ép. Gille Hendrix ex., marge.

14 — La Chèvre Amalthée. Belle composition, d'ap. Rubens ; belle ép.

15 — La Campagne de Malines ou Retour des Champs. Très-belle ép.

16 — L'Ecce Homo. — L'Assomption. — Le Serpent d'airain. 3 pièces capitales.

17 **Borcht** (Van der). Noce de village. Belle ép., marge.

18 **Bossche** (Van den). La Vierge au croissant, d'ap. Bloemaert.

19 **Bouttats**, Lommelin, Mélar, etc. Martyres des Missionnaires au Japon, en Chine, aux Indes, et costumes des divers peuples sauvages. 40 p.

20 — Ch. de Lorraine. — Ascension. — Armoiries de Velasco, gouverneur d'Anvers. 3 p,

21 **Bovie** (F.). Paysage à l'eau-forte. Rare.

22 **Brackeleer** (J. de), 1826. Brower et Craesbeek. 2 ép., états différents.

23 **Brauwer** (A.). Paysan bourrant sa pipe. Belle ép. Cabinet Camberlyn.

24 — Paysan allumant sa pipe à un réchaud que lui présente une femme. Très-belle ép.

25 — Le Dormeur. — Le Paysan au bonnet pointu. — La Mendiante. 3 p., belles ép.

26 **Brée** (Van). Proclamation des noms des Athéniens voués au Minotaure. Eau-forte, 1er et 2e états. 2 p.

Hennot 5 Perm 10.

Hennot 3

Hemot 2 50 Perm 10

Hennot 15

eamuck 6.

lemot 3.
martyr

eley 10.

Brown 8 Hemming 3. Perm 5 Reissine 5 50

Hemm 3. Perm 5

Hemm 4.

Vern 15

Brun 12

Hamot 5

27 **Browne** (J.). Le Chariot embourbé, d'ap. Rubens Superbe ép. avant la lettre, marge.

28 **Bruegel** (d'ap.). Grande Kermesse flamande avec danses, jeux, combats, etc. Très-belle ép.

29 **Cabel** (Van der). Paysages avec fabriques. 2 p. à l'eau-forte. Belles ép.

30 **Claessens** (L.-A.), d'après Van Dyck, Gérard Dow, Hals, Rembrandt, etc. 8 p. sur chine avant la lettre, toute marge. Sup. ép.

31 — Aspettare, Jolie femme à sa porte. Portraits des membres des États du Brabant, etc. 10 p.

32 **Clouet**. Descente de croix, d'ap. Rubens. Très-belle ép.

32 bis **Coget** (Ant.). Tactus, trois groupes d'enfants qui se battent. — L'Enfant Jésus sur la croix. 2 p.

33 **Collaert**. Le Retour de l'Enfant prodigue. — 12 sujets de la Passion. 13 p.

34 **Corr** (Erin). Elévation de la Croix, d'ap. Rubens. Ép. d'eau-forte pure.

35 — Descente de croix, d'ap. Rubens. Ép. d'eau-forte pure.

36 — La même, même état sur chine, avant le fond.

37 — La même, avec le fond.

38 — Le Christ en croix, d'ap. Van Dyck. Ép. d'eau-forte pure.

39 — Le même, même état. Ép. sur chine.

40 — Le même, le fond au burin.

41 — Le même, terminé. Superbe ép. sur chine avant la lettre.

42 — Le Sauveur du Monde, face rayonnante de Jésus, d'après la peinture sur marbre de Léonard de Vinci, qui se trouve à la cathédrale d'Anvers. Sup. ép. sur chine.

43 **Dalen** (C. Van). La Vierge allaitant Jésus, d'ap. Flinck. Très-belle ép.

44 **Dé** (Maître au). Offrande à Priape, 2 ép. avec différences.

45 **Does** (V. der). La Sainte Famille dans son intérieur, servie par deux anges, d'ap. Quellinus.

46 **Dolendo** (Zacharias). Le Sauveur, d'ap. de Gheyn. Pièce ronde.

47 **Durer** (Albert). La Justice, B. 79. Superbe ép. de la copie très-trompeuse de Wierix.

— Saint Antoine lisant dans sa cellule. Pièce à l'eau-forte avec monogramme, 1512.

— Ercules (B. 127). — Samson (B. 2). 2 p. en bois.

48 **Durlet** (F.). Sujet religieux allégorique. Petite eau-forte très-rare.

49 **Edelinck** (G.). Le Combat des quatre cavaliers, d'ap. Léonard de Vinci (R. D. 44). Très-belle ép. avant les points.

50 — Saint Louis en prière, d'ap. Le Brun (R.D. 28).

51 **Edelinck** (N.). Balthasar Castiglione, in-4° d'ap. Raphael.

52 **Ertinger**. Achille reconnu par Ulysse.

53 **Everdingen**. Paysage ovale, B. 4. Belle ép.

54 **Frey** (M.). Paysage boisé avec chute d'eau. Très-belle ép.

[illegible] 6 [illegible]

[illegible] 8

[illegible] 12

[illegible] 4

Henrot 3

Henrot 5

Henrot 6)
(
Henr 6)

Henrot 15 a 20
selon [illegible]
Henrot 8 a 10

Henrot 4

55 **Fyt** (J.). Les Chiens courants, B. 12. Ép. du cabinet de Jensé. — Le même, 1er état. 2 p.

56 **Galle** (Ph.). Venationis, Piscationis. 41 p. en forme de frises, Chasses, Pêches, etc.

57 **Galle** (C.). L'Enfant Jésus et saint Jean jouant avec le mouton, d'ap. Rubens. Superbe ép, grande marge.

58 — L'Annonciation. — Le Christ en croix. — Vierge. — Mariage de sainte Catherine. — Saint François. 5 p.
— La Croix triomphante. — Christ en croix. — Élévation. — Triomphe de l'Eucharistie. — Fuite en Egypte. — Saint Antoine. 6 p.

59 — Nouveau Testament. 30 p. d'ap Rubens.

60 — Sainte Famille, la Madeleine, Vierge avec saint Dominique et sainte Catherine, et autres. 8 p.

61 — Vierge et Jésus dans une niche entourée d'une guirlande de fleurs et de fruits par des anges et des enfants, d'ap. Rubens.

62 — La Peinture, femme nue broyant la couleur. Très-belle ép. sans marge.

63 **Geefs** (F.). La Diseuse de bonne aventure. Eau-forte rare, 1841.

64 **Genoels**. Le Voyageur près de la cascade. Superbe ép. du Cabinet de Jansé.

65 — La Gondole (B. 46). — Le Bateau tiré (60). — Paysage au lapin (71). 3 p.

66 **Ghisi** (Adam). Hercule combattant le lion (B. 21). — Trois Hommes sacrifiant un porc dans une chaudière (B. 104). Très-belle ép.

67 **Ghisi** (Diana). La Vierge embrassant Jésus, d'ap. Salviati.

68 **Goyen** (Van). Le Petit Pont au milieu avec église à gauche. Belle ép.

— Le Grand Pont de bois avec église au milieu. Belle ép.

69 **Hamers**, d'ap. de Wael. — Restaurant napolitain.

70 **Hecke** (Van). Animaux (B. 2, 3, 5, 7, 10 double et 11). Très-belles ép. 6 p.

71 **Heer** (G. de). Famille de Bohémiens. Pièce capitale et rare.

72 **Hemling** (d'ap.). Moine en prière. Très-belle photographie.

73 **Herregoudts** (J. B.), de Bruges. Saint Jean prêt à écrire sous l'inspiration du Christ. Belle composition de nombreuses figures. Belle pièce rare.

— La Musique entourée d'Amours. Belle eau-forte rare.

74 **Hollar.** Homme barbu, d'ap. Holbein, dirigé à droite. Très-belle ép. des Cabinets Denon et de Jansé.

75 — Homme à grandes moustaches et chaine, d'ap. Holbein. Superbe ép.

76 — La Fiancée, d'ap Matrin Schon. — Le Turc. 2 p.

77 — Deux Enfants jouant avec trois Tigres. Belle épreuve.

[illegible] 9.

[illegible] 12

[illegible] 20

40

[illegible] 20

[illegible] 6 — Pomme 8 / Pom ou Plante / Pom 8

[illegible] 6

[illegible] 2

Leman 10

Norway 6

Norway 5

Peru 8 Hemel 1

Peru 6

Bran

Hemel 2

Hemel 4

May 10

Peru 10

Lis. 2 50 Peru 8

78 — Lion, Oiseaux, Cerfs, d'ap. Durer, Chat, etc. 10 p., plusieurs superbes, pourra être divisé.

79 — Dordrecht. — Tyrus. — Maese. — Vliet navire. 4 p. Belles ép.

80 — La Cathédrale d'Anvers. Très-belle ép., 2e état; a été pliée.

81 **Hooge** (R. de). Massacre des habitants d'un village. — Le duc d'Argyle, par Luyken. — Entrevue de Charles V et Édouard, roi d'Angleterre. — King John. 4 pièces historiques

82 **Houbraken** Divertissements de la foire d'Amsterdam.

83 — Le Vielleux, d'ap. Troost.

84 — La Belle-Mère, sujet moral, d'ap. Troost. Ces 3 pièces sont très-belles ép.

85 **Hoy** (Van). Le Christ mort pleuré par la Vierge, d'ap. Feti.

86 **Janson**. Vache au pâturage. Belle eau-forte.

87 **Jode** (P. de). Renaud et Armide, d'ap. Van Dyck. — Couronnement de sainte Catherine, d'ap. Rubens. 2 p.

88 — Adoration des Bergers, d'ap. Jordaens, 1er état, avant que l'on ait effacé *cum privilegio*..

89 **Jonghe** (de), 1830. La Sortie de la Ferme. Jolie eau-forte. Rare.

90 **Jordaens** (J.). Jupiter nourri par la chèvre Amalthée. Très-belle ép., 1er état, marge.

91 Jupiter et Io surpris par Junon. Belle ép.

92 **Lafage**. Danse bacchanale. — Combat 2 p.

93 **Le Clerc** (Séb.). Miracle de la Multiplication des pains. Très-belle ép.

94 **Lens**. Jeune Fille avec chien. 2 sujets différents. manière noire.

95 **Levasseur**. Apollon et Daphné. Superbe ép. avant la dédicace, d'ap. Jordaens, marge.

96 **Leyde** (Lucas de). Saint François recevant les Stigmates (B. 120). — Les Gueux (143). 2 p.

— Joseph expliquant les songes Belle ép., contre-partie. — Saint Jérôme dans une grotte, L sur une pierre à gauche. 2 p.

— Adoration des Mages. Très-belle ép. de la copie de cette pièce capitale.

— Le Grand *Ecce homo*. Superbe ép. de la copie de cette pièce très-capitale.

97 **Leys** (Baron H.). Condamné descendant les marches d'un hôtel de ville pour se rendre au supplice. Très-belle et rare eau-forte, 1er état.

-- Le même, 2 état, avec la date 1840.

98 **Ligne** (Prince B. C. de). Vierge et Jésus. — Tête de jeune Femme. 2 fac-simile, d'ap. Guerchin.

99 **Lithographies** publiées par la Société royale des beaux-arts d'Anvers : L'Incendie. — Les Sauteuses à la corde. — Christophe Colomb. — Jeune Mère. — Geneviève de Brabant. — Deux Italiennes. — Moutons au pâturage, etc. 9 belles p. in-fol.

100 **Lommelin**. Jean de Vael, d'ap. Van Dyck. — L'Adoration des Mages, d'ap. Rubens, grand in-fol. 2 p.

101 **Lorch** (Melchior). Moïse frappant le rocher. Très-belle ép. du Cabinet Van Esdaille.

ervice 8

lemos 5

Bordereau

3	Aldegraver	Dervaux	1	..
6	Antonissen	Brun	3	..
9	Berghe	Hemotte	1	..
10	Bervic	Ceisseire	13	..
11	Bloteling 3 p.	Keming	2	..
Bis	Homma	Brun	3	..
13	Bolswert	Hemotte	4	50
15	[illegible] payes	Perou	5	..
16	3 p.	Hemotte	7	..
18	Bosse	Keming	2	..
19	Boullat	Hemotte 3/	4	..
21	Bovie	de Meley	2	..
24	Brouwer	Perou	4	..
25	3 p.	Keming	2	..
27	Browne	Perou	5	..
29	Cabel 2 p.	Brun	1	..
44	Dé 7 p.	Dervaux	3	..
47	Dürer	Dervaux	4	..
49	Edelinck	Perou	9	50
50	St Louis	Dervaux	4	..

Report 86 ..

59	Galle 30 p.	Hemotte	6	..
60	8 p.	Hemotte	5	..
69	Hamers	Keminck	3	..
71	Heer	Perou	5	..
73	Herregouwts	Keminck	16	..
74	Hollar	Perou	6	50
75	—	Dervaux	3	..
76	— 7 p.	Dervaux	2	..
78	— 10 p.	Dervaux	4	..
79	4 vues	Dervaux	2	..
80	— [illegible]	Dervaux	5	..
83	Houbraken	Perou	2	..
86	Janson	Brun	2	..
87	Jode 2 p.	Hemotte	2	..
89	Jonghe	Meley	1	50
90	Jordaens	Perou	6	..
93	Leclerc	Perou	3	..
100	Lomelin 7 p.	Hemotte	2	..
104	Meunier	Hemotte	2	..
105	Meyssens	Hemotte	3	..

		Report	172	..
16	Poorter	Teisseire	2	..
19	Raimondi	Dervay	3	..
21	Rembrandt	Teisseire	10	..
26	Becca?	Perut	12	50
27	Jesus disputant	Dervay	4	..
29	resurrection	Teisseire	8	..
30	christ en croix	Teisseire	2	..
32	Dominique?	Teisseire	3	..
34	Medée	Perut	14	..
43	ab. France	Lesecq	13	50
48	Reynebat?	De Meley	6	..
50	Hel. Romain	Vallat	4	..
52	Rubens	Hemotte	3	..
53	Ryckeman	Hemotte	3	..
58	Schmidt	Dervay	3	25
70	Lemers	Kemink	4	..
71	Titien		2	75
72	Uden	Brun	5	..
77	Wael	Teisseire	3	..
78	4 p.	Teisseire	4	..

		Report	286	..
184	Wille	Teisseire	12	..
185	Wilt	Kemink	3	..
186	Wyngaerde	Brun	2	..
192	antiques	Hemotte	7	..
196	Dyck 3 p.	Perut	14	50
197	Edelinck Bonnet	Perut	8	..
198	Goltzius	Dervay	1	50
200	Rigaud	Teisseire	3	50
201	Savary	Dervay	1	..
212	Hollar J. Holder?	Dervay	3	..
213	Wyngaerde	Brun	4	25
230	fauteuil	Teisseire	4	..
247	Wille Prevost	Brun	7	..
			356	75
			17	85
			374	60

Bord. Cerbruger 136-50
Bord. Vignères 374-60
511-10

575-15
43-25
618-40
511-10
107-30

Hemot 3

Hemot 5

Hemot 3

Brun 1 [illegible]

Cern 8

Cer [illegible]

102 **Marinus**. Adoration des Bergers, d'ap. Jordaens

103 **Matham**. Vénus et l'Amour. — Hercule, vainqueur de l'Hydre, et la Mort, vainqueur de l'Envie, etc. 3 p.

104 **Meunier** (L.) Vues de Madrid. 3 p., superbes ép. — L'Hôtel de Ville de Bruxelles, par Hunin. 4 p.

105 **Meyssens**. Assomption de la Vierge, d'ap. Rubens.

106 **Muller** (J.). Satyre tirant une épine du pied. Belle ép.

107 **Muys**. Le Malade imaginaire, d'ap. Troost. Superbe ép., marge.

108 **Neefs** (J.). Charles-Quint victorieux?

109 **Nieuwlant**. Vues de Rome. 3 p. — L'Orage, paysage par P. Nolpe. 4 p.

110 **Orley** (Van). Épisodes de la vie de Jésus. 3 p. — Intérieur d'un Palais. 4 p., belles ép.

111 **Os** (P. van). Animaux, Bestiaux au repos. 6 p. à l'eau-forte, très-belles ép.

112 **Ostade**. Le Pêcheur à la ligne. — Le Savetier. 2 p.

113 **Panneels**. Sylène ivre, d'ap. Rubens. — Saint Sébastien. Superbe ép. du Cabinet Camberlyn.

114 **Plattemontagne** (N. de). Le Corps du Christ dans le sépulcre. Belle ép. (R. D. 9), marge.

115 **Poilly**. Sainte Famille, avant la lettre.

116 **Poorten** (Van der). Moutons et Bélier. Très-belle eau-forte. 1er état.

— Petits Paysages et Chevaux dans une prairie. 4 p.

117 **Quellinus** (Artus). Grand fronton de l'Hôtel de Ville d'Amsterdam. — Justice de Salomon. — Justice de Brutus. 3 p.

— Titre, dessus de portes avec enfants et figure allégorique. 11 p., belles ép.

118 **Quellinus** (E.) L'Enfant Jésus tenant le Globe. Jolie eau-forte.

119 **Raimondi** (Marc-Antoine). La Manne, d'ap. Raphaël. Ancienne et belle ép.

120 **Réclam**. Paysages à l'eau-forte. 2 p.

121 **Rembrandt**. Abraham caressant Isaac (B. 33). Belle ép. du Cabinet Bruyninckx (Cl. 38).

122 — Abraham avec son fils Isaac (B. 34).

123 — Joseph racontant ses songes. Très belle ép. (B. 37), avant des travaux sur le bonnet de la femme couchée, etc.

124 — Annonciation aux Bergers (B. 44).

125 — Circoncision. Belle ép. avec les places blanches (B. 47).

126 — Présentation au Temple avant que saint Joseph soit couvert d'un turban (B. 49). Très-belle ép.

127 — Jésus disputant avec les Docteurs (B. 65).

128 — Jésus chassant les Vendeurs du Temple (B. 69).

129 — La grande Résurrection de Lazare. Belle ép. avant que l'ombre entoure le visage de l'homme près du vieillard (B. 73).

Leis 3.50

Lemay 6.50

Leis 9.00

Lemay 9. Parm 12. Leis 12

Lemay 5 Leis 3.50

Lemay 6 Parm 12. Leis 12

Lemay 4

Lemay 7 Leis. 12

Voix [illegible]

Voix [illegible]

Voix 13 Pour 15 Contre 1

Voix 3 25 Pour 8
Voix 3.2[illegible]

Contre 8

Leroy 1[illegible]

Kemmis [illegible] St Albert 5 Meley 10

Varlo 1[illegible]

130 — Christ en croix (B. 80). Belle ép.

131 — Disciple d'Emaus (B. 87).

132 — Baptême de l'Eunuque (B. 98). Belle ép.

133 — Saint Jérôme à genoux (B. 102).

134 — La Médée. Mariage de Jason et de Creuse (B. 112), avec les vers au bas. Très-belle ép. signée Mariette, 1672.

135 — L'Étoile des rois (B. 113).

136 — Les Musiciens ambulants (B 119). Très-belle ép.

137 — Le petit Orfèvre (B. 123). Superbe ép.

138 — La Faiseuse de Kouk s (B. 124).

139 — Le Dessinateur (B. 130).

140 — Le Dessinateur d'ap. le modèle (B. 192).

141 — Paysage aux trois chaumières (B. 217).

142 — Clément de Jonge (B. 272).

143 — Abraham France (B. 273).

144 — Jean Lutma, orfèvre (B. 276).

145 — Wtenbogardus, ministre en Hollande (B. 279).

146 — Études de six têtes, avec la femme de Rembrandt (B. 365).

147 — Mendiant assis sur une motte de terre. — Philosophe dormant. — Retour de l'Enfant prodigue. — Fragment de la pièce de cent florins, etc. 6 p. copies.

148 **Reysschot**. Le Chasseur, d'ap. Téniers. Eau-forte.

149 **Ribera**. Saint Jérôme écoutant l'Ange qui sonne de la trompette, avant l'adresse de Wyngaerdt.

150 **Romain** (D'ap. J.). Triomphe de Bacchus, grande Bacchanale en forme de frise. — Attila. 2 p.

151 **Rubens**. Saint François recevant les stigmates. Cabinet Verboeckhoven.
— La Madeleine repentante.

152 **Rubens** (d'ap.). Sainte Famille, par Tassaert; Saint Christophe et autres. 5 p.

153 **Ryckemans**. Adoration des Mages. — Couronnement de sainte Catherine. 2 p. d'ap. Rubens.

154 **Rysbrack**. Diane et Actéon, B. 1. — La Femme au voile flottant (2). — Lever du Soleil (4). — Les Causeurs sur le chemin (5). 4 p.

155 **Sadeler** (Les). Sainte Famille, Mort de la Vierge, etc. 5 p.

156 **Saenredam**. La Ferme flamande, d'ap. Bloemaert. Grande et belle p. collée.

157 **Sallaert** (A.). Saint Marc, gravé sur bois.

158 **Schmidt**. Rembrandt. Belle ép.

159 **Schut** (C.). Annonciation. — Vierge allaitant. — La Vierge recevant une couronne d'un ange. 3 p.

160 **Sichem** (Van). Faust et Méphistophélès, allégorie du temps. Pièce curieuse.

161 — Homme tenant un gant. — Le Concert. 2 p. en bois, d'ap. Goltzius.

162 **Steen** (Van den). L'Amour taillant son arc. d'ap. Corrége. In-fol.

163 — Les Avares surpris par la Mort. — Paysan lisant une lettre à sa femme. 2 p. d'ap. Téniers.

164 **Suyderhoef**. Le Jeu de Trictrac. Belle ép. d'ap. Ostade.

165 — La Danse au Cabaret, d'ap. Ostade.

Kenning 5

Hinnat 2 Brun 10 Lenny 3

Lenny 2

Lein 3

Lein 8 7

166 — Le Coup de Couteau, d'ap Ostade. Très-belle ép. collée

167 **Tanjé.** Corps de garde des officiers Hollandais. d'ap. Troost.

168 — La Fausse Vertu, d'ap Troost. Très-belle ép., marge.

169 **Teniers** le vieux (D.). Intérieur de cuisine. Sup. ép., tachée et écornée.

170 — Causeurs devant la chaumière (Attribué). — Le Jeu de boule. Jolie eau-forte, par Spruyt, marge. 2 p.

171 **Titien.** Charge du Laocoon en singes, sur bois. (Voir Papillon, t. Ier, p. 160)

172 **Uden** (L. Van). Troupeau à l'abreuvoir, d'ap. Rubens

173 **Verboeckhoven** (D'ap.). Animaux, lithog. 16 p.

174 **Verkolje.** Le Peintre d'après le modèle. Manière noire.

175 **Vico** (Enée). Buste d'Aristote, de profil, B. 253. Superbe ép. de la copie contre-partie.

176 **Visscher.** Intérieur de Cabaret, d'ap. Ostade. — Le Sacrifice de David, d'ap. de Vos. 2 p.

177 **Wael** (J.-B. de). Les Fauconniers (B. 3). Très-belle ép. avant le numéro, petite marge.

178 — Les Pèlerins (B. 8). — Le Joueur de Cornemuse (B. 9). — L'Enfant pouilleux (B. 12). 2 ép. dont une avant le numéro. 4 belles ép. Cab. Camberlyn.

179 **Waterlo**. La Mère et ses trois Enfants en repos. (B. 122). — Mort d'Adonis (130). 2 grands paysages, belles ép.

180 **Wierix** (Ant.). Jésus guérissant les aveugles. Très-belle ép.

— La Mélancolie, d'ap. Albert Durer. Belle ép.

181 **Wierix** (Jérôme). L'Ange Gabriel dans un entourage. — Jésus conduit devant Anne. — La Mort de la Vierge. 3 p.

182 **Wierix** (J.). Sujets de l'histoire du Christ. 8 p.

183 — Et autres sujets de l'Ancien et du Nouveau Testament. 48 p., plusieurs avec double impression.

184 **Wille** (J.-G.). Les Soins maternels. Superbe ép. avec les armes et avant la dédicace, du Cabinet Maurel, de Marseille.

185 **Witt** (de). Résurrection. Eau-forte avant la lettre, d'ap. un plafond de Rubens.

186 **Wyngaerde.** Paysage à l'eau-forte, d'ap. Titien.

187 **Animaux** de Berghem, Bloemaert, Dietricy, Stoop, Winter, etc., etc. 21 p.

188 **École Italienne.** Vierge, Ruine antique, etc. 7 p. et 2 dessins. 9 p.

189 **Paysages**. Eaux-fortes diverses. 10 p.

190 **Sujets gracieux**, etc. L'Hyménée, de Vandelaar; Éliézer et Rébecca, l'Huître et les Plaideurs, et autres. 15 p.

191 **Sujets religieux**. Saints, Scènes de la vie de Jésus, etc. 26 p.

[illegible], 8 Toile 3

Soie 15

Laine 6 50 Soie 12

[illegible] 2 50

[illegible] 2

Laine 4 50 [illegible] 3

[illegible] 2

PORTRAITS

192 **Antiques**. Brutus, César, Cicéron, Démocrite, Démosthènes, Hippocrate, Néron, Platon, Scipion, Sénèque, Socrate, Sophocle. 15 portraits par Bolswert, Pontius, Vorsterman, d'ap. les dessins de Rubens.

193 **Clouet**. Théodore Rogiers, d'ap. Van Dyck. Superbe ép., 1er état.

194 **Dalen** (C. Van). Deleboe Sylvius, médecin. Belle ép.

195 **Delphius**. Jean-Georges, électeur de Saxe, in-fol.

— Louis XIII, roi de France.

196 **Dyck** (Van). Érasme de Roterdam. Ép. du Cabinet Kraus.

— Lucas Worsterman, graveur.

— Van Dyck, terminé par J. Neefs. Très-belle ép.

197 **Edelinck** (G.). Bossuet. Très-belle ép., 1er état, toute marge (R. D. 156).

198 — Goltzius (Henri), peintre et graveur (R. D. 216).

199 — J. Hardouin Mansart, in-fol., d'ap. Rigault (R. D. 268), marge.

200 — Hyacinthe Rigaud, d'ap. lui-même. Belle ép. (R. D. 303), marge.

201 — Jacques Savary, d'ap. Coypel, in-4 (R. D. 314).

202 **Galle** (C.). Henriette de Lorraine. — Jean Meyssens. — Engelbert Taie. — Papenheim, 4 port. d'ap. Van Dyck, 2e état.

203 — Balthasar Moret, imprimeur, d'ap. Quellinus. Belle ép.

204 — Le Dante, d'ap. Stradan. Belle ép. Cab. de Janzé.

205 **Goed**. Suvarow, in-fol. Manière noire.

206 **Gunst**. Portraits tirés de l'histoire d'Angleterre, de Larrey, d'ap. Van der Werff. 12 p., très-belles ép.

207 — Érasme, in-fol.

208 **Hollar**. Aretin, d'ap. Titien. — Nic. de la Casa. 2 portraits.

209 — Van der Borcht, d'ap. Holbein. Belle ép.

210 — Jean de Reede. Belle ép.

211 — Philippe IV, roi d'Espagne. Belle ép.

212 — Jean Malder, d'ap. Van Dyck.

213 — F. Van den Wyngaerde, graveur.

214 **Hopfer** (J.). Erasme de Rotterdam, in-4. Belle

215 **Houbraken**. Henriette Wolters; charmant portrait. Superbe ép. in-4.

216 — L'Amoral, prince d'Egmont, — Ph. de Montmorency, prince de Hoorne et autres. 12 p. in-8.

217 **Jode** (P. de). André Colyns de Nole, d'ap. Van Dyck. Superbe ép. avec G. H., déchirée.

218 — Henri Liberti. — Adam de Coster. — Quintin Simons. 3 p , d'ap. Van Dyck.

219 — Henriette-Marie de Bourbon, d'ap. Van Dyck, grand in-fol. Belle ép.

220 — Charles-Quint et Ferdinand, à cheval. — Juste Lipse, d'ap. Janssen. 2 p. in-fol.

221 **Lombard**. Gab. Chassebras de la Grand'Maison. Superbe ép. in-fol.

222 **Louys**. Élisabeth, femme de Philippe IV, roi d'Espagne. Très-belle ép., d'après Rubens.

223 — Thomas de Savoie, d'ap. Van Dyck. Superbe ép., grande marge.

224 **Lutma** (J.). J. Lutma père, orfèvre.

225 **Meyssens**. François Van der Ee. Sup. ép., 1er état d'ap. Van Dyck. Cab. Camberlyn.

226 **Muller** (G. A.). J. Van Schuppen *se ipsum*. Superbe ép. grand in-fol.

227 **Muller** (J). Jean Neyen, d'Anvers. Belle ép.

228 — Isabelle Claire-Eugénie, en riches costumes, in-fol.

229 **Munnickhuysen**. Spiegel, bourgmestre. Très-belle ép.

230 **Nanteuil**. Christine de Suède, d'ap. Bourdon. Très-belle ép,

231 **Pitau**. Alexandre Petau, d'ap Lefèvre. Superbe ép. de la Collection Camberlyn, marge.

232 **Pontius**. Marie d'Aremberg. — Palamedes. — Scaglia. — Vanlonius. 4 p. d'ap. Van Dyck.

233 — Honthorst. — Seghers. — Vanlonius. 3 p., très-belles ép., marge, d'ap. Van Dyck.

234 — Simon de Vos. Très-belle ép. très-rare, d'ap. Van Dyck.

235 — Gevartius, d'ap. Rubens. Belle ép. Cab. Weber.

236 — P.-P. Rubens, in-fol. Belle ép.

237 — Isabelle-Claire-Eugénie, en religieuse, grand in-fol., d'ap. Rubens.

238 **Quertenmont** (d'ap.). Portraits des Députés des États du Brabant. 30 p.

239 **Sadeler** (Egide). Marquart Freher, ministre de Frédéric IV, en Pologne. Très-belle ép.

240 **Saint-Aubin**. P.-J.-S. Van Eupen, membre des Etats de Brabant. Sup. ép. avant et avec la lettre. 2 p.

241 **Schuppen** (Van). Jean Hindret. Belle ép. in-8, grande marge.

242 — Louis, grand Dauphin, d'ap. de Troy. Belle ép. avant les ronds dans les angles.

243 **Visscher** (C.). J. Dousa, d'après nature. Belle ép. in-fol.

244 **Waumans**. Ant. de Zuniga, d'ap. Van Dyck. Très-belle ép. 1er état.

245 **Wierix** (Ant.). Ph.-Em. de Lorraine, duc de Mercœur. Très-belle ép., 1er état, avant l'adresse. Cabinet Camberlyn.

246 — Philippe II, roi d'Espagne, in-4.

247 **Wille** (J.-G.). L'Abbé Prévost, charmant portrait. Superbe ép. in-8.

248 — Portraits d'ap. Van Dyck et par Pitau, Tardieu, etc. 8 p.

Renou et Maulde, imprimeurs de la Compagnie des Commissaires-Priseurs rue de Rivoli, 144. 721

www.ingramcontent.com/pod-product-compliance
Ingram Content Group UK Ltd.
Pitfield, Milton Keynes, MK11 3LW, UK
UKHW021315190726
13839UKWH00007B/1873